Todos los libros de Linkgua Ediciones cuentan con modelos de Inteligencia Artificial entrenados por hispanistas. Pregúntale al chat de tu libro lo que desees acerca de la obra o su autor/a.

Para **ebooks:** Accede a nuestro modelo de IA a través de este enlace.

Para **libros impresos:** Escanea el código QR de la portada con tu dispositivo móvil.

Obtén análisis detallados de nuestros libros, resúmenes, respuestas a tus preguntas y accede a nuestras ediciones críticas generativas para una experiencia de lectura más enriquecedora.
La transparencia y el respeto hacia la autoría de las fuentes utilizadas son distintivos básicos de nuestro proyecto. Por ello, las respuestas ofrecen, mediante un sistema de citas, las fuentes con las que han sido elaboradas.

Autores varios

Constitución de Cádiz

Barcelona 2024
Linkgua-ediciones.com

Créditos

Título original: Constitución de Cádiz.

© 2024, Red ediciones S.L.

e-mail: info@linkgua.com

Diseño de la colección: Michel Mallard.

ISBN rústica ilustrada: 978-84-9007-489-3
ISBN tapa dura: 978-84-1126-725-0.
ISBN rústica: 978-84-96290-16-7.
ISBN ebook: 978-84-9897-027-2.

Sumario

Brevísima presentación

Esta fue la primera Constitución española que reconoció el derecho de las colonias a tener representantes en las Cortes. Los primeros artículos del texto proclaman una nación española transoceánica, «libre e independiente» que no puede ser patrimonio de «ninguna familia ni persona» y parece, entonces, limitar los derechos de la monarquía. Se trata solo de un breve arranque de modernidad; poco después el rey español Fernando VII intentó pasar por alto este acuerdo que solo tuvo vigencia, bajo presiones, durante dos breves intervalos de tiempo.

Esta Constitución marcó el futuro de la metrópolis y su relación con las colonias. Se anticipó, con su espíritu de progreso a la irrupción de las ideas de la Ilustración en las guerras de independencia de Latinoamérica.

Constitución de Cádiz

(18 de marzo 1812)

Don Fernando VII, por la gracia de Dios y la Constitución de la monarquía española, rey de las Españas, y en su ausencia y cautividad la regencia del reino, nombrada por las Cortes generales y extraordinarias, a todos los que las presentes vieren y entendieren, sabed: Que las mismas Cortes han decretado y sancionado la siguiente Constitución política de la monarquía española.

En el nombre de Dios todopoderoso, Padre, Hijo y Espíritu Santo autor y supremo legislador de la sociedad.

Las Cortes generales y extraordinarias de la nación española, bien convencidas, después del más detenido examen y madura deliberación, de que las antiguas leyes fundamentales de esta monarquía, acompañadas de las oportunas providencias y precauciones, que aseguren de un modo estable y permanente su entero cumplimiento, podrán llenar debidamente el grande objeto de promover la gloria, la prosperidad y el bien de toda la Nacional, decretan la siguiente Constitución política para el buen gobierno y recta administración del Estado.

Título I. De la nación española y de los españoles

Capítulo I. De la Nación española

Artículo 1. La Nación española es la reunión de todos los españoles de ambos hemisferios.

Artículo 2. La Nación española es libre e independiente, y no es ni puede ser patrimonio de ninguna familia ni persona.

Artículo 3. La soberanía reside esencialmente en la Nación, y por lo mismo pertenece a ésta exclusivamente el derecho de establecer sus leyes fundamentales.

Artículo 4. La Nación está obligada a conservar y proteger por leyes sabias y justas la libertad civil, la propiedad y los demás derechos legítimos de todos los individuos que la componen.

Capítulo II. De los españoles

Artículo 5. Son españoles: Primero. Todos los hombres libres nacidos y avecindados en los dominios de las Españas, y los hijos de éstos.
Segundo. Los extranjeros que hayan obtenido de las Cortes carta de naturaleza.
Tercero. Los que sin ella lleven diez años de vecindad, ganada según la ley en cualquier pueblo de la monarquía.

Cuarto. Los libertos desde que adquieran la libertad en las Españas.

Artículo 6. El amor de la Patria es una de las principales obligaciones de todos los españoles y, asimismo, el ser justos y benéficos.

Artículo 7. Todo español está obligado a ser fiel a la Constitución, obedecer las leyes y respetar las autoridades establecidas.

Artículo 8. También está obligado todo español, sin distinción alguna, a contribuir en proporción de sus haberes para los gastos del Estado.

Artículo 9. Está asimismo obligado todo español a defender la Patria con las armas, cuando sea llamado por la ley.

Título II. Del territorio de las Españas, su religión y gobierno y de los ciudadanos españoles

Capítulo I. Del territorio de las Españas

Artículo 10. El territorio español comprende en la Península con sus posesiones e islas adyacentes: Aragón, Asturias, Castilla la Vieja, Castilla la Nueva, Cataluña, Córdoba, Extremadura, Galicia, Granada, Jaén, León, Molina, Murcia, Navarra, Provincias Vascongadas, Sevilla y Valencia, las Islas Baleares y las Canarias con las demás posesiones de África. En la América septentrional: Nueva España con la Nueva-Galicia y península de Yucatán, Guatemala, provincias internas de Oriente, provincias internas de Occidente, isla de Cuba con las dos Floridas, la parte española de la isla de Santo Domingo y la isla de Puerto Rico con las demás adyacentes a éstas y al continente en uno y otro mar. En la América meridional, la Nueva Granada, Venezuela, el Perú, Chile, provincias del Río de la Plata, y todas las islas adyacentes en el mar Pacífico y en el Atlántico. En el Asia, las islas Filipinas, y las que dependen de su gobierno.

Artículo 11. Se hará una división más conveniente del territorio español por una ley constitucional, luego que las circunstancias políticas de la Nación lo permitan.

Capítulo II. De la religión

Artículo 12. La religión de la Nación española es y será perpetuamente la católica, apostólica, romana, única verdadera. La Nación la protege por leyes sabias y justas y prohíbe el ejercicio de cualquiera otra.

Capítulo III. Del Gobierno

Artículo 13. El objeto del Gobierno es la felicidad de la Nación, puesto que el fin de toda sociedad política no es otro que el bienestar de los individuos que la componen.

Artículo 14. El Gobierno de la Nación española es una monarquía moderada hereditaria.

Artículo 15. La potestad de hacer las leyes reside en las Cortes con el rey.

Artículo 16. La potestad de hacer ejecutar las leyes reside en el rey.

Artículo 17. La potestad de aplicar las leyes en las causas civiles y criminales reside en los tribunales establecidos por la ley.

Capítulo IV. De los ciudadanos españoles

Artículo 18. Son ciudadanos aquellos españoles que por ambas líneas traen su origen de los dominios españoles de ambos hemisferios y están avecindados en cualquier pueblo de los mismos dominios.

Artículo 19. Es también ciudadano el extranjero que gozando ya de los derechos de español, obtuviere de las Cortes carta especial de ciudadano.

Artículo 20. Para que el extranjero pueda obtener de las Cortes esta carta, deberá estar casado con española, y haber traído o fijado en las Españas alguna invención o industria apreciable, o adquirido bienes raíces por los que pague una contribución directa, o establecídose en el comercio con un capital propio y considerable a juicio de las mismas Cortes, o hecho servicios señalados en bien y defensa de la Nación.

Artículo 21. Son, asimismo, ciudadanos los hijos legítimos de los extranjeros domiciliados en las Españas, que habiendo nacido en los dominios españoles, no hayan salido nunca fuera sin licencia del Gobierno, y teniendo veintiún años cumplidos, se hayan avecindado en un pueblo de los mismos dominios, ejerciendo en él alguna profesión, oficio o industria útil.

Artículo 22. A los españoles que por cualquier línea son habidos y reputados por originarios del África, les queda abierta la puerta de la virtud y del merecimiento para ser ciudadanos: en su consecuencia las Cortes concederán carta de ciudadano a los que hicieren servicios calificados a la Patria, o a los que se distingan por su talento, aplicación y conducta, con la condición de que sean hijos de legítimo matrimonio de padres ingenuos; de que estén casados con mujer ingenua, y avecindados en los dominios de las Españas, y de que ejerzan alguna profesión, oficio o industria útil con un capital propio.

Artículo 23. Solo los que sean ciudadanos podrán obtener empleos municipales, y elegir para ellos en los casos señalados por la ley.

Artículo 24. La calidad de ciudadano español se pierde:
Primero. Por adquirir naturaleza en país extranjero.
Segundo. Por admitir empleo de otro Gobierno.
Tercero. Por sentencia en que se impongan penas aflictivas o infamantes, si no se obtiene rehabilitación.
Cuarto. Por haber residido cinco años consecutivos fuera del territorio español sin comisión o licencia del Gobierno.

Artículo 25. El ejercicio de los mismos derechos se suspende:
Primero. En virtud de interdicción judicial por incapacidad física o moral.
Segundo. Por el estado de deudor quebrado, o de deudor a los caudales públicos.
Tercero. Por el estado de sirviente doméstico.
Cuarto. Por no tener empleo, oficio o modo de vivir conocido.
Quinto. Por hallarse procesado criminalmente.
Sexto. Desde el año de 1830 deberán saber leer y escribir los que de nuevo entren en el ejercicio de los derechos de ciudadano.

Artículo 26. Solo por las causas señaladas en los dos artículos precedentes se pueden perder o suspender los derechos de ciudadano, y no por otras.

Título III. De las Cortes

Capítulo I. Del modo de formarse de las Cortes

Artículo 27. Las Cortes son la reunión de todos los diputados que representan la Nación, nombrados por los ciudadanos en la forma que se dirá.

Artículo 28. La base para la representación nacional es la misma en ambos hemisferios.

Artículo 29. Esta base es la población compuesta de los naturales que por ambas líneas sean originarios de los dominios españoles, y de aquellos que hayan obtenido en las Cortes carta de ciudadano, como también de los comprendidos en el **Artículo 21.**

Artículo 30. Para el cómputo de la población de los dominios europeos servirá el último censo del año de 1797, hasta que pueda hacerse otro nuevo, y se formará el correspondiente para el cómputo de la población de los de ultramar, sirviendo entre tanto los censos más auténticos entre los últimamente formados.

Artículo 31. Por cada setenta mil almas de la población, compuesta como queda dicho en el **Artículo 29**, habrá un diputado de Cortes.

Artículo 32. Distribuida la población por las diferentes provincias, si resultase en alguna el exceso de más de treinta y cinco mil almas, se elegirá un diputado más, como si el número llegase a setenta mil, y si el sobrante no excediese de treinta y cinco mil, no se contará con él.

Artículo 33. Si hubiese alguna provincia cuya población no llegue a setenta mil almas, pero que no baje de sesenta mil, elegirá por sí un diputado; y si bajase de este numero, se unirá a la inmediata para completar el de setenta mil requerido. Exceptuase de esta regla la isla de Santo Domingo, que nombrará diputado, cualquiera que sea su población.

Capítulo II. Del nombramiento de diputados de Cortes

Artículo 34. Para la elección de los diputados de Cortes se celebrarán juntas electorales de parroquia, de partido y de provincia.

Capítulo III. De las Juntas electores de parroquia

Artículo 35. Las Juntas electorales de parroquia se compondrán de todos los ciudadanos avecindados y residentes en el territorio de la parroquia respectiva, entre los que se comprenden los eclesiásticos seculares.

Artículo 36. Estas juntas se celebrarán siempre en la península e islas y posesiones adyacentes, el primer domingo del mes de octubre del año anterior al de la celebración de las Cortes.

Artículo 37. En las provincias de ultramar se celebrarán el primer domingo del mes de diciembre, quince meses antes de la celebración de las Cortes, con aviso que para unas y otras hayan de dar anticipadamente las justicias.

Artículo 38. En las juntas de parroquia se nombrará por cada doscientos vecinos un elector parroquial.

Artículo 39. Si el número de vecinos de la parroquia excediese de trescientos, aunque no llegue a cuatrocientos, se nombrarán dos electores; si excediese de quinientos, aunque no llegue a seiscientos, se nombrarán tres, y así progresivamente.

Artículo 40. En las parroquias, cuyo número de vecinos no llegue a doscientos, con tal que tengan ciento cincuenta, se nombrará ya un elector, y en aquellas en que no haya este número se reunirán los vecinos a los de otra inmediata para nombrar el elector o electores que les correspondan.

Artículo 41. La junta parroquial elegirá a pluralidad de votos once compromisarios, para que éstos nombren el elector parroquial.

Artículo 42. Si en la junta parroquial hubieren de nombrarse dos electores parroquiales, se elegirán veintiún compromisarios, y si tres, treinta y uno; sin que en ningún caso se pueda exceder de este número de compromisarios, a fin de evitar confusión.

Artículo 43. Para consultar la mayor comodidad de las poblaciones pequeñas, se observará que aquella parroquia que llegare a tener veinte vecinos, elegirá un compromisario; la que llegare a tener de treinta a cuarenta, elegirá dos; la que tuviere de cincuenta a sesenta, tres, y así progresivamente. Las parroquias que tuvieren menos de veinte vecinos, se unirán con las más inmediatas para elegir compromisario.

Artículo 44. Los compromisarios de las parroquias de las poblaciones pequeñas, así elegidos, se juntarán en el pueblo más a propósito, y en componiendo el número de once, o a lo menos de nueve, nombrarán un elector parroquial; si compusieren el número de veintiuno, o a lo menos de diecisiete, nombrarán dos electores parroquiales y si fueren treinta y uno y se reunieren a lo menos veinticinco, nombrarán tres electores, o los que correspondan.

Artículo 45. Para ser nombrado elector parroquial se requiere ser ciudadano, mayor de veinticinco años, vecino y residente en la parroquia.

Artículo 46. Las juntas de parroquia serán presididas por el jefe político, o el alcalde de la ciudad, villa o aldea en que se congregaren, con asistencia del cura párroco para mayor solemnidad del acto; y si en un mismo pueblo por razón del número de sus parroquias se tuvieren dos o más juntas, presidirá una el jefe político o el alcalde, otro el otro alcalde y los regidores por suerte presidirán las demás.

Artículo 47. Llegada la hora de la reunión, que se hará en las casas consistoriales o en el lugar donde lo tengan de costumbre, hallándose juntos los ciudadanos que hayan concurrido, pasarán a la parroquia con su presidente, y en ella se celebrará una misa solemne de Espíritu Santo por el cura párroco, quien hará un discurso correspondiente a las circunstancias.

Artículo 48. Concluida la misa, volverán al lugar de donde salieron, y en él se dará principio a la junta, nombrando dos escrutadores y un secretario de entre los ciudadanos presentes, todo a puerta abierta.

Artículo 49. Enseguida preguntará el presidente si algún ciudadano tiene que exponer alguna queja relativa a cohecho o soborno para que la elección recaiga en determinada persona; y si la hubiere deberá hacerse justificación pública y verbal en el mismo acto. Siendo cierta la acusación, serán privados de voz activa y pasiva los que hubieren cometido el delito. Los calumniadores sufrirán la misma pena; y de este juicio no se admitirá recurso alguno.

Artículo 50. Si se suscitasen dudas sobre si en alguno de los presentes concurren las calidades requeridas para poder votar, la misma junta decidirá en el acto lo que le parezca; y lo que decidiere se ejecutará sin recurso alguno por esta vez y para este solo efecto.

Artículo 51. Se procederá inmediatamente al nombramiento de los compromisarios; lo que se hará designando cada ciudadano un número de personas igual al de los compromisarios, para lo que se acercará a la mesa donde se hallen el presidente, los escrutadores y el secretario; y éste las escribirá en una lista a su presencia; y en éste y en los demás actos de elección nadie podrá votarse a sí mismo, bajo la pena de perder el derecho de votar.

Artículo 52. Concluido este acto, el presidente, escrutadores, y secretario reconocerán las listas, y aquél publicará en alta voz los nombres de los ciudadanos que hayan sido elegidos compromisarios por haber reunido mayor número de votos.

Artículo 53. Los compromisarios nombrados se retirarán a un lugar separado antes de disolverse la junta, y conferenciando entre sí, procederán a nombrar al elector o electores de aquella parroquia, y quedarán elegidas la persona o personas que reúnan más de la mitad de votos. Enseguida se publicará en la junta el nombramiento.

Artículo 54. El secretario extenderá el acta, que con él firmarán el presidente y los compromisarios, y se entregará copia de ella firmada por los mismos a la persona o personas elegidas, para hacer constar su nombramiento.

Artículo 55. Ningún ciudadano podrá excusarse de estos encargos por motivo ni pretexto alguno.

Artículo 56. En la junta parroquial ningún ciudadano se presentará con armas.

Artículo 57. Verificado el nombramiento de electores, se disolverá inmediatamente la junta, y cualquier otro acto en que intente mezclarse será nulo.

Artículo 58. Los ciudadanos que han compuesto la junta se trasladarán a la parroquia, donde se cantará un solemne «Te Deum», llevando al elector o electores entre el presidente, los escrutadores y el secretario.

Capítulo IV. De las Juntas de partido

Artículo 59. Las Juntas electorales de partido se compondrán de los electores parroquiales que se congregarán en la cabeza de cada partido, a fin de nombrar el elector o electores que han de concurrir a la capital de la provincia para elegir los diputados de Cortes.

Artículo 60. Estas Juntas se celebrarán siempre, en la Península e Islas y posesiones adyacentes, el primer domingo del mes de noviembre del año anterior al en que han de celebrarse las Cortes.

Artículo 61. En las provincias de Ultramar se celebrarán el primer domingo del mes de enero próximo siguiente al de diciembre en que se hubieren celebrado las juntas de parroquia.

Artículo 62. Para venir en conocimiento del número de electores que haya de nombrar cada partido, se tendrán presentes las siguientes reglas.

Artículo 63. El número de electores de partido será triple al de los diputados que se han de elegir.

Artículo 64. Si el número de partidos de la provincia fuere mayor que el de los electores que se requieren por el **Artículo** precedente para el nombramiento de los diputados que le correspondan, se nombrará, sin embargo, un elector por cada partido.

Artículo 65. Si el número de partidos fue menor que el de los electores que deban nombrarse, cada partido elegirá uno, dos o más, hasta completar el número que se requiera; pero si faltase aún un elector, le nombrará el partido de mayor población; si todavía faltase otro, le nombrará el que se siga en mayor población, y así sucesivamente.

Artículo 66. Por lo que queda establecido en los artículos 31, 32 y 33, y en los tres artículos precedentes, el censo determina cuántos diputados corresponden a cada provincia, y cuántos electores a cada uno de sus partidos.

Artículo 67. Las juntas electorales de partido serán presididas por el jefe político, o el alcalde primero del pueblo cabeza de partido, a quien se presentarán los electores parroquiales con el documento que acredite su elección, para que sean anotados sus nombres en el libro en que han de extenderse las actas de la junta.

Artículo 68. En el día señalado se juntarán los electores de parroquia con el presidente en las salas consistoriales a puerta abierta, y comenzarán por nombrar un secretario y dos escrutadores de entre los mismos electores.

Artículo 69. Enseguida presentarán los electores las certificaciones de su nombramiento para ser examinadas por el secretario y escrutadores, quienes deberán al día siguiente informar si están o no arregladas. Las certificaciones del secretario y escrutadores serán examinadas por una comisión de tres individuos de la junta, que se nombrará al efecto, para que informe también en el siguiente día sobre ellas.

Artículo 70. En este día, congregados los electores parroquiales, se leerán los informes sobre las certificaciones, y si se hubiere hallado reparo que oponer a alguna de ellas, o a los electores por defecto de alguna de las calidades requeridas, la Junta resolverá definitivamente y acto continuo lo que le parezca, y lo que resolviere, se ejecutará sin recurso.

Artículo 71. Concluido este acto, pasarán los electores parroquiales con su presidente a la iglesia mayor, en donde se cantará una misa solemne de Espíritu Santo por el eclesiástico de mayor dignidad, el que hará un discurso propio de las circunstancias.

Artículo 72. Después de este acto religioso se restituirán a las casas consistoriales, y ocupando los electores sus asientos sin preferencia alguna, leerá el secretario este capítulo de la Constitución, y enseguida hará el presidente la misma pregunta que se contiene en el **Artículo** 49, y se observará todo cuanto en él se previene.

Artículo 73. Inmediatamente después se procederá al nombramiento del elector o electores de partido, eligiéndolos de uno en uno, y por escrutinio secreto, mediante cédulas en que esté escrito el nombre de la persona que cada uno elige.

Artículo 74. Concluida la votación, el presidente, secretario y escrutadores harán la regulación de los votos, y quedará elegido el que haya reunido a lo menos la mitad de los votos, y uno más, publicando el presidente cada elección. Si ninguna hubiere tenido la pluralidad absoluta de votos, los dos que hayan tenido el mayor número entrarán en segundo escrutinio, y quedará elegido el que reúna mayor número de votos. En caso de empate decidirá la suerte.

Artículo 75. Para ser elector de partido se requiere ser ciudadano que se halle en el ejercicio de sus derechos, mayor de veinticinco años, y vecino y residente en el partido, ya sea del estado seglar o del eclesiástico secular, pudiendo recaer la elección en los ciudadanos que componen la junta, o en los de fuera de ella.

Artículo 76. El secretario extenderá el acta, que con él firmarán el presidente y escrutadores; y se entregará copia de ella firmada por los mismos a la persona o personas elegidas, para hacer constar su nombramiento. El presidente de esta junta remitirá otra copia firmada por él y por el secretario al presidente de la junta de provincia, donde se hará notoria la elección en los papeles públicos.

Artículo 77. En las juntas electorales de partido se observará todo lo que se previene para las juntas electorales de parroquia en los artículos 55, 56, 57 y 58.

Capítulo V. De las juntas electorales de provincia

Artículo 78. Las juntas electorales de provincia se compondrán de los electores de todos los partidos de ella, que se congregarán en la capital a fin de nombrar los diputados que le correspondan para asistir a las Cortes, como representantes de la Nación.

Artículo 79. Estas juntas se celebrarán siempre en la Península e Islas adyacentes el primer domingo del mes de diciembre del año anterior a las Cortes.

Artículo 80. En las provincias de Ultramar se celebrarán en el domingo segundo del mes de marzo del mismo año en que se celebraren las juntas de partido.

Artículo 81. Serán presididas estas juntas por el jefe político de la capital de la provincia, a quien se presentarán los electores de partido con el documento de su elección, para que sus nombres se anoten en el libro en que han de extenderse las actas de la junta.

Artículo 82. En el día señalado se juntarán los electores de partido con el presidente en las casas consistoriales, o en el edificio que se tenga por más a propósito para un acto tan solemne, a puerta abierta; y comenzarán por nombrar a pluralidad de votos un secretario y dos escrutadores de entre los mismos electores.

Artículo 83. Si a una provincia no le cupiere más que un diputado, concurrirán a lo menos cinco electores para su nombramiento; distribuyendo este número entre los partidos en que estuviere dividida, o formando partidos para este solo efecto.

Artículo 84. Se leerán los cuatro capítulos de esta Constitución que tratan de las elecciones. Después se leerán las certificaciones de las actas de las elecciones hechas en las cabezas de partido, remitidas por los respectivos presidentes y, asimismo, presentarán los electores las certificaciones de su nombramiento, para ser examinadas por el secretario y escrutadores, quienes deberán al día siguiente informar si están o no arregladas. Las certificaciones del secretario y escrutadores serán examinadas por una comisión de tres individuos de la junta, que se nombrarán al efecto, para que informen también sobre ellas en el siguiente día.

Artículo 85. Juntos en él los electores de partido, se leerán los informes sobre las certificaciones; y si se hubiere hallado reparo que oponer a alguna de ellas, o a los electores por defecto de alguna de las calidades requeridas, la junta resolverá definitivamente y acto continuo lo que le parezca; y lo que resolviere se ejecutará sin recurso.

Artículo 86. Enseguida se dirigirán los electores de partido con su presidente a la catedral o iglesia mayor, en donde se cantará una misa solemne de Espíritu Santo, y el obispo, o en su defecto el eclesiástico de mayor dignidad, hará un discurso propio de las circunstancias.

Artículo 87. Concluido este acto religioso, volverán al lugar de donde salieron; y a puerta abierta, ocupando los electores sus asientos, sin preferencia alguna, hará el presidente la misma pregunta que se contiene en el **Artículo 49,** y se observará todo cuanto en él se previene.

Artículo 88. Se procederá enseguida por los electores, que se hallen presentes, a la elección del diputado o diputados, y se elegirán de uno en uno, acercándose a la mesa donde se hallen el presidente, los escrutadores y secretario, y éste escribirá en una lista a su presencia el nombre de la persona que cada uno elige. El secretario y los escrutadores serán los primeros que voten.

Artículo 89. Concluida la votación, el presidente, secretario y escrutadores harán la regulación de los votos, y quedará elegido aquel que haya reunido a lo menos la mitad de los votos, y uno más. Si ninguno hubiera reunido la pluralidad absoluta de votos, los dos que hayan tenido el mayor número entrarán en segundo escrutinio, y quedará elegido el que reúna la pluralidad. En caso de empate decidirá la suerte; y hecha la elección de cada uno, la publicará el presidente.

Artículo 90. Después de la elección de diputados se procederá a la de suplentes por el mismo método y forma, y su número será en cada provincia la tercera parte de los diputados que le correspondan. Si a alguna provincia no le tocare elegir más que uno o dos diputados, elegirá, sin embargo, un diputado suplente. Estos concurrirán a las Cortes, siempre que se verifique la muerte del propietario, o su imposibilidad a juicio de las mismas, en cualquier tiempo que uno u otro accidente se verifique después de la elección.

Artículo 91. Para ser diputado de Cortes se requiere ser ciudadano que esté en el ejercicio de sus derechos, mayor de veinticinco años, y que haya nacido en la provincia o esté avecindado en ella con residencia a lo menos de siete años, bien sea del estado seglar, o del eclesiástico secular; pudiendo recaer la elección en los ciudadanos que componen la junta, o en los de fuera de ella.

Artículo 92. Se requiere además, para ser elegido diputado de Cortes, tener una renta anual proporcionada, procedente de bienes propios.

Artículo 93. Suspéndese la disposición del **Artículo** precedente hasta que las Cortes que en adelante han de celebrarse, declaren haber llegado ya el tiempo de que pueda tener efecto, señalando la cuota de la renta, y la calidad de los bienes de que haya de provenir; y lo que entonces resolvieren se tendrá por constitucional, como si aquí se hallara expresado.

Artículo 94. Si sucediere que una misma persona sea elegida por la provincia de su naturaleza y por la en que está avecindado, subsistirá la elección por razón de la vecindad, y por la provincia de su naturaleza vendrá a las Cortes el suplente a quien corresponda.

Artículo 95. Los secretarios del despacho, los consejeros de Estado, y los que sirven empleos de la Casa Real, no podrán ser elegidos diputados de Cortes.

Artículo 96. Tampoco podrá ser elegido diputado de Cortes ningún extranjero, aunque haya obtenido de las Cortes carta de ciudadano.

Artículo 97. Ningún empleado público nombrado por el Gobierno, podrá ser elegido diputado de Cortes por la provincia en que ejerce su cargo.

Artículo 98. El secretario extenderá el acta de las elecciones, que con él firmarán el presidente y todos los electores.

Artículo 99. Enseguida otorgarán todos los electores sin excusa alguna a todos y cada uno de los diputados poderes amplios, según la fórmula siguiente, entregándose a cada diputado su correspondiente poder para presentarse en las Cortes.

Artículo 100. Los poderes estarán concebidos en estos términos:

«En la ciudad de .... días del mes de ...... del año de ......, en las salas de ...., hallándose congregados los señores (aquí se pondrán los nombres del presidente y de los electores de partido que forman la junta electoral de la provincia), dijeron ante mí el infrascrito escribano y testigos al efecto convocados, que habiéndose procedido, con arreglo a la Constitución política de la monarquía española, al nombramiento de los electores parroquiales y de partido con todas las solemnidades prescritas por la misma Constitución, como constaba de las certificaciones que originales obraban en el expediente, reunidos los expresados electores de los partidos de la provincia de en el día de del mes de del presente año, habían hecho el nombramiento de los diputados que en nombre y representación de esta provincia han de concurrir a las Cortes, y que fueron electos por diputados para ellas por esta provincia los señores N. N. N., como resulta del acta extendida y firmada por N. N.: que en su consecuencia les otorgan poderes amplios a todos juntos, y a cada uno de por sí, para cumplir y desempeñar las augustas funciones de su encargo, y para que con los demás diputados de Cortes, como representantes de la Nación española, puedan acordar y resolver cuanto entendieren conducente al bien general de ella en uso de las facultades que la Constitución determina, y dentro de los límites que la misma prescribe, sin poder derogar, alterar o variar en manera alguna ninguno de sus artículos bajo ningún pretexto, y que los otorgantes se obligan por sí mismos y a nombre de todos los vecinos de esta provincia en virtud de las facultades que les son concedidas como electores nombrados para este acto, a tener por válido, y obedecer y cumplir cuanto como tales diputados de Cortes hicieren, y se resolviere por éstas con arreglo a la Constitución Política de la monarquía española. Así lo expresaron y otorgaron, hallándose presentes como testigos N. N. N., que con los señores otorgantes lo firmaron: de que doy fe.»

Artículo 101. El presidente, escrutadores y secretario remitirán inmediatamente copia firmada por los mismos del acta de las elecciones a la diputación permanente de las Cortes, y harán que se publiquen las elecciones por medio de la imprenta, remitiendo un ejemplar a cada pueblo de la provincia.

Artículo 102. Para la indemnización de los diputados se les asistirá por sus respectivas provincias con las dietas que las Cortes en el segundo año de cada diputación general señalaren para la diputación que le ha de suceder; y a los diputados de Ultramar se les abonará además lo que parezca necesario, a juicio de sus respectivas provincias, para los gastos de viaje de ida y vuelta.

Artículo 103. Se observará en las juntas electorales de provincia todo lo que se prescribe en los artículos 55, 56, 57 y 58, a excepción de lo que previene el **Artículo** 328.

Capítulo VI. De la celebración de las Cortes

Artículo 104. Se juntarán las Cortes todos los años en la capital del reino, en edificio destinado a este solo objeto.

Artículo 105. Cuando tuvieran por conveniente trasladarse a otro lugar, podrán hacerlo con tal que sea a pueblo que no diste de la capital más que doce leguas, y que convengan en la traslación las dos terceras partes de los diputados presentes.

Artículo 106. Las sesiones de las Cortes en cada año durarán tres meses consecutivos, dando principio el día primero del mes de marzo.

Artículo 107. Las Cortes podrán prorrogar sus sesiones cuando más por otro mes en solo dos casos: primero, a petición del rey; y segundo, si las Cortes lo creyeren necesario por una resolución de las dos terceras partes de los diputados.

Artículo 108. Los diputados se renovarán en su totalidad cada dos años.

Artículo 109. Si la guerra o la ocupación de alguna parte del territorio de la monarquía por el enemigo impidieren que se presenten a tiempo todos o algunos de los diputados de una o más provincias, serán suplidos los que falten por los anteriores diputados de las respectivas provincias, sorteando entre sí hasta completar el número que les corresponda.

Artículo 110. Los diputados no podrán volver a ser elegidos, sino mediante otra diputación.

Artículo 111. Al llegar los diputados a la capital se presentarán a la diputación permanente de Cortes, la que hará sentar sus nombres, y el de la provincia que los ha elegido, en un registro en la secretaría de las mismas Cortes.

Artículo 112. En el año de la renovación de los diputados se celebrará el día 15 de febrero a puerta abierta la primera junta preparatoria, haciendo de presidente el que lo sea de la diputación permanente, y de secretarios y escrutadores los que nombre la misma diputación de entre los restantes individuos que la componen.

Artículo 113. En esta primera junta presentarán todos los diputados sus poderes, y se nombrarán a pluralidad de votos dos comisiones, una de cinco individuos para que examine los poderes de todos los diputados; y otra de tres, para que examine de estos cinco individuos de la comisión.

Artículo 114. El día 20 del mismo febrero se celebrará también a puerta abierta la segunda junta preparatoria, en la que las dos comisiones informarán sobre la legitimidad de los poderes, habiendo tenido presentes las copias de las actas de las elecciones provinciales.

Artículo 115. En esta junta y en las demás que sean necesarias hasta el día 25, se resolverán definitivamente, y a pluralidad de votos, las dudas que se susciten sobre la legitimidad de los poderes y calidades de los diputados.

Artículo 116. En el año siguiente al de la renovación de los diputados se tendrá la primera junta preparatoria el día 20 de febrero, y hasta el 25 las que se crean necesarias para resolver, en el modo y forma que se ha expresado en los tres artículos precedentes, sobre la legitimidad de los poderes de los diputados que de nuevo se presenten.

Artículo 117. En todos los años el día 25 de febrero se celebrará la última junta preparatoria, en la que se hará por todos los diputados, poniendo la mano sobre los Santos Evangelios, el juramento siguiente: ¿Juráis defender y conservar la religión católica, apostólica, romana, sin admitir otra alguna en el reino? —R. Sí juro. ¿Juráis guardar y hacer guardar religiosamente la Constitución política de la monarquía española, sancionada por las Cortes generales y extraordinarias de la Nación en el año de 1812? —R. Sí juro. ¿Juráis haberos bien y fielmente en el encargo que la Nación os ha encomendado, mirando en todo por el bien y prosperidad de la misma Nación? —R. Sí juro. Si así lo hiciereis, Dios os lo premie; y si no, os lo demande.

Artículo 118. Enseguida se procederá a elegir de entre los mismos diputados, por escrutinio secreto y a pluralidad absoluta de votos, un presidente, un vicepresidente y cuatro secretarios, con lo que se tendrán por constituidas y formadas las Cortes, y la diputación permanente cesará en todas sus funciones.

Artículo 119. Se nombrará en el mismo día una diputación de veintidós individuos, y dos de los secretarios, para que pase a dar parte al rey de hallarse constituidas las Cortes, y del presidente que han elegido, a fin de que manifieste si asistirá a la apertura de las Cortes, que se celebrará el día primero de marzo.

Artículo 120. Si el rey se hallare fuera de la capital, se le hará esta participación por escrito, y el rey contestará del mismo modo.

Artículo 121. El rey asistirá por sí mismo a la apertura de las Cortes; y si tuviere impedimento, la hará el presidente el día señalado, sin que por ningún motivo pueda diferirse para otro. Las mismas formalidades se observarán para el acto de cerrarse las Cortes.

Artículo 122. En la sala de las Cortes entrará el rey sin guardia, y solo le acompañarán las personas que determine el ceremonial para el recibimiento y despedida del rey, que se prescriba en el reglamento del gobierno interior de las Cortes.

Artículo 123. El rey hará un discurso, en el que propondrá a las Cortes lo que crea conveniente; y al que el presidente contestará en términos generales. Si no asistiere el rey, remitirá su discurso al presidente, para que por éste se lea en las Cortes.

Artículo 124. Las Cortes no podrán deliberar en la presencia del rey.

Artículo 125. En los casos en que los secretarios del Despacho hagan a las Cortes algunas propuestas a nombre del rey, asistirán a las discusiones cuando y del modo que las Cortes determinen, y hablarán en ellas; pero no podrán estar presentes a la votación.

Artículo 126. Las sesiones de las Cortes serán públicas, y solo en los casos que exijan podrá celebrarse sesión secreta.

Artículo 127. En las discusiones de las Cortes, y en todo lo demás que pertenezca a su gobierno y orden interior, se observará el reglamento que se forme por estas Cortes generales y extraordinarias, sin perjuicio de las reformas que las sucesivas tuvieren por conveniente hacer en él.

Artículo 128. Los diputados serán inviolables por sus opiniones, y en ningún tiempo ni caso, ni por ninguna autoridad podrán ser reconvenidos por ellas. En las causas criminales, que contra ellos se intentaren, no podrán ser juzgados sino por el tribunal de Cortes en el modo y forma que se prescriba en el reglamento del gobierno interior de las mismas. Durante las sesiones de las Cortes, y un mes después, los diputados no podrán ser demandados, civilmente, ni ejecutados por deudas.

Artículo 129. Durante el tiempo de su diputación, contado para este efecto desde que el nombramiento conste en la permanente de Cortes no podrán los diputados admitir para sí, ni solicitar para otro, empleo alguno de provisión del rey, ni aun ascenso, como no sea de escala en su respectiva carrera.

Artículo 130. Del mismo modo no podrán, durante el tiempo de su diputación, y un año después del último acto de sus funciones, obtener para sí, ni solicitar para otro, pensión ni condecoración alguna que sea también de provisión del rey.

Capítulo VII. De las facultades de las Cortes

Artículo 131. Las facultades de las Cortes son:
Primera. Proponer y decretar las leyes, e interpretarlas y derogarlas en caso necesario.
Segunda. Recibir el juramento al rey, al príncipe de Asturias y a la regencia, como se previene en sus lugares.
Tercera. Resolver cualquier duda, de hecho o de derecho, que ocurra en orden a la sucesión a la corona.
Cuarta. Elegir regencia o regente del reino cuando lo previene la Constitución, y señalar las limitaciones con que la regencia o el regente han de ejercer la autoridad real.
Quinta. Hacer el reconocimiento público del príncipe de Asturias.
Sexta. Nombrar tutor al rey menor, cuando lo previene la Constitución.
Séptima. Aprobar antes de su ratificación los tratados de alianza ofensiva, los de subsidios, y los especiales de comercio.
Octava. Conceder o negar la admisión de tropas extranjeras en el reino.
Novena. Decretar la creación y supresión de plazas en los tribunales que establece la Constitución; e igualmente la creación y supresión de los oficios públicos.
Décima. Fijar todos los años a propuesta del rey las fuerzas de tierra y de mar, determinando las que se hayan de tener en pie en tiempo de paz, y su aumento en tiempo de guerra.
Undécima. Dar ordenanzas al ejército, armada y milicia nacional en todos los ramos que los constituyen.
Duodécima. Fijar los gastos de la administración pública.

Decimatercia. Establecer anualmente las contribuciones e impuestos.

Decimacuarta. Tomar caudales a préstamo en casos de necesidad sobre el crédito de la Nación.

Decimaquinta. Aprobar el repartimiento de las contribuciones entre las provincias.

Decimasexta. Examinar y aprobar las cuentas de la inversión de los caudales públicos.

Decimaséptima. Establecer las aduanas y aranceles de derechos.

Decimaoctava. Disponer lo conveniente para la administración, conservación y enajenación de los bienes nacionales.

Decimanona. Determinar el valor, peso, ley, tipo y denominación de las monedas.

Vigésima. Adoptar el sistema que se juzgue más cómodo y justo de pesos y medidas.

Vigesimaprima. Promover y fomentar toda especie de industria y remover los obstáculos que la entorpezcan.

Vigesimasegunda. Establecer el plan general de enseñanza pública en toda la monarquía, y aprobar el que se forme para la educación del príncipe de Asturias.

Vigesimatercia. Aprobar los reglamentos generales para la policía y sanidad del reino.

Vigesimacuarta. Proteger la libertad política de la imprenta.

Vigesimaquinta. Hacer efectiva la responsabilidad de los secretarios del despacho y demás empleados públicos.

Vigesimasexta. Por último pertenece a las Cortes dar o negar su consentimiento en todos aquellos casos y actos, para los que se previene en la Constitución ser necesario.

Capítulo VIII. De la formación de las leyes, y de la
sanción real

Artículo 132. Todo diputado tiene la facultad de proponer a las Cortes los proyectos de ley, haciéndolo por escrito, y exponiendo las razones en que se funde.

Artículo 133. Dos días a lo menos después de presentado y leído el proyecto de ley, se leerá por segunda vez; y las Cortes deliberarán si se admite o no a discusión.

Artículo 134. Admitido a discusión, si la gravedad del asunto requiriese a juicio de las Cortes, que pase previamente a una comisión, se ejecutará así.

Artículo 135. Cuatro días a lo menos después de admitido a discusión el proyecto, se leerá tercera vez, y se podrá señalar día para abrir la discusión.

Artículo 136. Llegado el día señalado para la discusión abrazará ésta el proyecto en su totalidad, y en cada uno de sus artículos.

Artículo 137. Las Cortes decidirán cuándo la materia está suficientemente discutida; y decidido que lo está, se resolverá si ha lugar o no a la votación.

Artículo 138. Decidido que ha lugar a la votación, se procederá a ella inmediatamente, admitiendo o desechando en todo o en parte el proyecto, o variándole y modificándole, según las observaciones que se hayan hecho en la discusión.

Artículo 139. La votación se hará a pluralidad absoluta de votos; y para proceder a ella será necesario que se hallen presentes a lo menos la mitad y uno más de la totalidad de los diputados que deben componer las Cortes.

Artículo 140. Si las Cortes desecharen un proyecto de ley en cualquier estado de su examen o resolvieren que no debe procederse a la votación, no podrá volver a proponerse en el mismo año.

Artículo 141. Si hubiere sido adoptado, se extenderá por duplicado en forma de ley, y se leerá en las Cortes; hecho lo cual, y firmados ambos originales por el presidente y dos secretarios, serán presentados inmediatamente al rey por una diputación.

Artículo 142. El rey tiene la sanción de las leyes.

Artículo 143. Da el rey la sanción por esta fórmula, firmada de su mano: «Publíquese como ley.»

Artículo 144. Niega el rey la sanción por esta fórmula, igualmente firmada de su mano: «Vuelva a las Cortes»; acompañando al mismo tiempo una exposición de las razones que ha tenido para negarla.

Artículo 145. Tendrá el rey treinta días para usar de esta prerrogativa; si dentro de ellos no hubiere dado o negado la sanción, por el mismo hecho se entenderá que la ha dado, y la dará en efecto.

Artículo 146. Dada o negada la sanción por el rey, devolverá a las Cortes uno de los dos originales con la fórmula respectiva, para darse cuenta de ellas. Este original se conservará en el archivo de las Cortes y el duplicado quedará en poder del rey.

Artículo 147. Si el rey negare la sanción, no se volverá a tratar del mismo asunto en las Cortes de aquel año; pero podrá hacerse en las del siguiente.

Artículo 148. Si en las Cortes del siguiente año fuere de nuevo propuesto, admitido y aprobado el mismo proyecto, presentado que sea al rey, podrá dar la sanción o negarla segunda vez en los términos de los artículos 143 y 144, y en el último caso, no se tratará del mismo asunto en aquel año.

Artículo 149. Si de nuevo fuere por tercera vez propuesto, admitido, y aprobado el mismo proyecto en las Cortes del siguiente año, por el mismo hecho se entiende que el rey da la sanción; y presentándosele, la dará en efecto por medio de la fórmula expresada en el **Artículo 143.**

Artículo 150. Si antes de que espire el término de treinta días en que el rey ha de dar o negar la sanción, llegare el día en que las Cortes han de terminar sus sesiones, el rey la dará o negará en los ocho primeros de las sesiones de las siguientes Cortes, y si este término pasare sin haberla dado, por esto mismo se entenderá dada, y la dará en efecto en la forma prescrita; pero si el rey negare la sanción, podrán estas Cortes tratar del mismo proyecto.

Artículo 151. Aunque después de haber negado el rey la sanción a un proyecto de ley se pasen alguno o algunos años sin que se proponga el mismo proyecto, como vuelva a suscitarse en el tiempo de la misma diputación, que le adoptó por la primera vez, o en el de las dos diputaciones que inmediatamente la subsigan, se entenderá siempre el mismo proyecto para los efectos de la sanción del rey, de que tratan los tres artículos precedentes; pero si en la duración de las tres diputaciones expresadas no volviere a proponerse, aunque después se reproduzca en los propios términos, se tendrá por proyecto nuevo para los efectos indicados.

Artículo 152. Si la segunda o tercera vez que se propone el proyecto dentro del término que prefija el **Artículo** precedente, fuere desechado por las Cortes, en cualquier tiempo que se reproduzca después, se tendrá por nuevo proyecto.

Artículo 153. Las leyes se derogan con las mismas formalidades y por los mismos trámites que se establezcan.

Capítulo IX. De la promulgación de las Leyes

Artículo 154. Publicada la ley en las Cortes, se dará de ello aviso al rey para que se proceda inmediatamente a su promulgación solemne.

Artículo 155. El rey para promulgar las leyes usará de la fórmula siguiente: N (el nombre del rey), por la gracia de Dios y por la Constitución de la monarquía española, rey de las Españas, a todos los que las presentes vieren y entendieren, sabed: Que las Cortes han decretado, y Nos sancionamos lo siguiente (aquí el texto literal de la ley): Por tanto, mandamos a todos los tribunales, justicias, jefes, gobernadores y demás autoridades, así civiles como militares y eclesiásticas, de cualquiera clase y dignidad, que guarden y hagan guardar, cumplir y ejecutar la presente ley en todas sus partes. Tendréislo entendido para su cumplimiento, y dispondréis se imprima, publique y circule. (Va dirigida al secretario del Despacho respectivo.)

Artículo 156. Todas las leyes se circularán de mandato del rey por los respectivos secretarios del Despacho directamente a todos y cada uno de los tribunales supremos y de las provincias, y demás jefes y autoridades superiores, que las circularán a las subalternas.

Capítulo X. De la diputación permanente de Cortes

Artículo 157. Antes de separarse las Cortes nombrarán una diputación que se llamará Diputación Permanente de Cortes, compuesta de siete individuos, de su seno, tres de las provincias de Europa y tres de las de Ultramar, y el séptimo saldrá por suerte entre un diputado de Europa y otro de Ultramar.

Artículo 158. Al mismo tiempo nombrarán las Cortes dos suplentes para esta diputación, uno de Europa y otro de Ultramar.

Artículo 159. La Diputación Permanente durará de unas Cortes ordinarias a otras.

Artículo 160. Las facultades de esta diputación son:
Primera. Velar sobre la observancia de la Constitución y de las leyes, para dar cuenta a las próximas Cortes de las infracciones que hayan notado.
Segunda. Convocar a Cortes extraordinarias en los casos prescritos por la Constitución.
Tercera. Desempeñar las funciones que se señalan en los artículos 111 y 112.
Cuarta. Pasar aviso a los diputados suplentes para que concurran en lugar de los propietarios; y si ocurriese el fallecimiento o imposibilidad absoluta de propietarios y suplentes de una provincia, comunicar las correspondientes órdenes a la misma, para que proceda a nueva elección.

Capítulo XI. De las Cortes extraordinarias

Artículo 161. Las Cortes extraordinarias se compondrán de los mismos diputados que forman las ordinarias durante los dos años de su diputación.

Artículo 162. La Diputación Permanente de Cortes las convocará con señalamiento de día en los tres casos siguientes:
Primero. Cuando vacare la corona.
Segundo. Cuando el rey se imposibilitare de cualquier modo para el gobierno, o quisiere abdicar la corona en el sucesor; estando autorizada en el primer caso la diputación para tomar todas las medidas que estime convenientes, a fin de asegurarse de la inhabilidad del rey.

Tercero. Cuando en circunstancias críticas y por negocios arduos tuviere el rey por conveniente que se congreguen, y lo participare así a la Diputación Permanente de Cortes.

Artículo 163. Las Cortes extraordinarias no entenderán sino en el objeto para que han sido convocadas.

Artículo 164. Las sesiones de las Cortes extraordinarias comenzarán y se terminarán con las mismas formalidades que las ordinarias.

Artículo 165. La celebración de las Cortes extraordinarias no estorbará la elección de nuevos diputados en el tiempo prescrito.

Artículo 166. Si las Cortes extraordinarias no hubieren concluido sus sesiones en el día señalado para la reunión de las ordinarias, cesarán las primeras en sus funciones, y las ordinarias continuarán el negocio para que aquéllas fueron convocadas.

Artículo 167. La diputación permanente de Cortes continuará en las funciones que le están señaladas en los artículos 111 y 112, en el caso comprendido en el **Artículo** precedente.

Título IV. Del rey

Capítulo I. De la inviolabilidad del rey, y de su autoridad

Artículo 168. La persona del rey es sagrada e inviolable, y no está sujeta a responsabilidad.

Artículo 169. El rey tendrá el tratamiento de Majestad Católica.

Artículo 170. La potestad de hacer ejecutar las leyes reside exclusivamente en el rey, y su autoridad se extiende a todo cuanto conduce a la conservación del orden público en lo interior, y a la seguridad del Estado en lo exterior, conforme a la Constitución y a las leyes.

Artículo 171. Además de la prerrogativa que compete al rey sancionar las leyes y promulgarlas, le corresponden como principales las facultades siguientes:

Primera. Expedir los decretos, reglamentos e instrucciones que crea conducentes para la ejecución de las leyes.

Segunda. Cuidar de que en todo el reino se administre pronta y cumplidamente la justicia.

Tercera. Declarar la guerra, y hacer y ratificar la paz, dando después cuenta documentada a las Cortes.

Cuarta. Nombrar los magistrados de todos los tribunales civiles y criminales, a propuesta del Consejo de Estado.

Quinta. Proveer todos los empleos civiles y militares.

Sexta. Presentar para todos los obispados y para todas las dignidades y beneficios eclesiásticos de real patronato, a propuesta del Consejo de Estado.

Séptima. Conceder honores y distinciones de toda clase, con arreglo a las leyes.

Octava. Mandar los ejércitos y armadas, y nombrar los generales.

Novena. Disponer de la fuerza armada, distribuyéndola como más convenga.

Décima. Dirigir las relaciones diplomáticas y comerciales con las demás potencias, y nombrar los embajadores, ministros y cónsules.

Undécima. Cuidar de la fabricación de la moneda, en la que se pondrá su busto y su nombre.

Duodécima. Decretar la inversión de los fondos destinados a cada uno de los ramos de la administración pública.

Decimatercia. Indultar a los delincuentes, con arreglo a las leyes.

Decimacuarta. Hacer a las Cortes las propuestas de leyes o de reformas, que crea conducentes al bien de la Nación, para que deliberen en la forma prescrita.

Decimaquinta. Conceder el pase, o retener los decretos conciliares y bulas pontificias con el consentimiento de las Cortes, si contienen disposiciones generales; oyendo al Consejo de Estado, si versan sobre negocios particulares o gubernativos, y si contienen puntos contenciosos, pasando su conocimiento y decisión al supremo tribunal de justicia, para que resuelva con arreglo a las leyes.

Decimasexta. Nombrar y separar libremente los secretarios de Estado y del despacho.

Artículo 172. Las restricciones de la autoridad del rey son las siguientes:

Primera. No puede el rey impedir bajo ningún pretexto la celebración de las Cortes en las épocas y casos señalados por la Constitución, ni suspenderlas ni disolverlas, ni en manera alguna embarazar sus sesiones y deliberaciones. Los que le aconsejasen o auxiliasen en cualquiera tentativa para estos actos, son declarados traidores, y serán perseguidos como tales.

Segunda. No puede el rey ausentarse del reino sin consentimiento de las Cortes; y si lo hiciere se entiende que ha abdicado la corona.

Tercera. No puede el rey enajenar, ceder, renunciar o en cualquiera manera traspasar a otro la autoridad real, ni alguna de sus prerrogativas.

Si por cualquiera causa quisiere abdicar el trono en el inmediato sucesor, no lo podrá hacer sin el consentimiento de las Cortes.

Cuarta. No puede el rey enajenar, ceder o permutar provincia, ciudad, villa o lugar, ni parte alguna, por pequeña que sea, del territorio español.

Quinta. No puede el rey hacer alianza ofensiva, ni tratado especial de comercio con ninguna potencia extranjera sin el consentimiento de las Cortes.

Sexta. No puede tampoco obligarse por ningún tratado a dar subsidios a ninguna potencia extranjera sin el consentimiento de las Cortes.

Séptima. No puede el rey ceder ni enajenar los bienes nacionales sin consentimiento de las Cortes.

Octava. No puede el rey imponer por sí directa ni indirectamente contribuciones, ni hacer pedidos bajo cualquier nombre o para cualquiera objeto que sea, sino que siempre los han de decretar las Cortes.

Novena. No puede el rey conceder privilegio exclusivo a persona ni corporación alguna.

Décima. No puede el rey tomar la propiedad de ningún particular ni corporación, ni turbarle en la posesión, uso y aprovechamiento de ella; y si en algún caso fuere necesario para un objeto de conocida utilidad común tomar la propiedad de un particular, no lo podrá hacer, sin que al mismo tiempo sea indemnizado, y se le dé el buen cambio a bien vista de hombres buenos.

Undécima. No puede el rey privar a ningún individuo de su libertad, ni imponerle por sí pena alguna. El secretario del Despacho que firme la orden, y el juez que la ejecute, serán responsables a la Nación, y castigados como reos de atentado contra la libertad individual.

Solo en el caso de que el bien y seguridad del Estado exijan el arresto de alguna persona, podrá el rey expedir órdenes al efecto; pero con la condición de que dentro de cuarenta y ocho horas deberá hacerla entregar a disposición del tribunal o juez competente.

Duodécima. El rey antes de contraer matrimonio dará parte a las Cortes para obtener su consentimiento; y si no lo hiciere, entiéndase que abdica la corona.

Artículo 173. El rey en su advenimiento al trono, y si fuere menor, cuando entre a gobernar el reino, prestará juramento ante las Cortes bajo la fórmula siguiente:

«N. (aquí su nombre) por la gracia de Dios y la Constitución de la monarquía española, rey de las Españas; juro por Dios y por los Santos Evangelios que defenderé y conservaré la religión católica, apostólica, romana, sin permitir otra alguna en el reino: que guardaré y haré guardar la Constitución política y leyes de la monarquía española, no mirando en cuanto hiciere sino al bien y provecho de ella: que no enajenaré, cederé ni desmembraré parte alguna del reino: que no exigiré jamás cantidad alguna de frutos, dinero ni otra cosa, sino las que hubieren decretado las Cortes: que no tomaré jamás a nadie su propiedad y que respetaré sobre todo la libertad política de la Nación, y la personal de cada individuo: y si en lo que he jurado, o parte de ello, lo contrario hiciere, no debo ser obedecido; antes aquello en que contraviniere, sea nulo y de ningún valor. Así Dios me ayude, y sea en mi defensa; y si no, me lo demande.»

Capítulo II. De la sucesión a la corona

Artículo 174. El reino de las Españas es indivisible, y solo se sucederá en el Trono perpetuamente desde la promulgación de la Constitución por el orden regular de primogenitura y representación entre los descendientes legítimos, varones y hembras, de las líneas que se expresarán.

Artículo 175. No pueden ser reyes de las Españas sino los que sean hijos legítimos habidos en constante y legítimo matrimonio.

Artículo 176. En el mismo grado y línea los varones se prefieren a las hembras y siempre el mayor al menor; pero las hembras de mejor línea o de mejor grado en la misma línea se prefieren a los varones de línea o grado posterior.

Artículo 177. El hijo o hija del primogénito del rey, en el caso de morir su padre sin haber entrado en la sucesión del reino, prefiere a los tíos y sucede inmediatamente al abuelo por derecho de representación.

Artículo 178. Mientras no se extingue la línea en que esté radicada la sucesión, no entra la inmediata.

Artículo 179. El rey de las Españas es el señor don Fernando VII de Borbón, que actualmente reina.

Artículo 180. A falta del señor don Fernando VII de Borbón, sucederán sus descendientes legítimos, así varones como hembras: a falta de éstos sucederán sus hermanos y tíos hermanos de su padre, así varones como hembras, y los descendientes legítimos de éstos por el orden que queda prevenido, guardando en todos el derecho de representación y la preferencia de las líneas anteriores a las posteriores.

Artículo 181. Las Cortes deberán excluir de la sucesión aquella persona o personas que sean incapaces para gobernar o hayan hecho cosa por que merezcan perder la corona.

Artículo 182. Si llegaren a extinguirse todas las líneas que aquí se señalan, las Cortes harán nuevos llamamientos, como vean que más importa a la Nación, siguiendo siempre el orden y reglas de suceder aquí establecidas.

Artículo 183. Cuando la corona haya de recaer inmediatamente o haya recaído en hembra, no podrá ésta elegir marido sin consentimiento de las Cortes; y si lo contrario hiciere, se entiende que abdica la corona.

Artículo 184. En el caso de que llegue a reinar una hembra, su marido no tendrá autoridad ninguna respecto del reino, ni parte alguna en el Gobierno.

Capítulo III. De la menor edad del rey, y de la regencia

Artículo 185. El rey es menor de edad hasta los dieciocho años cumplidos.

Artículo 186. Durante la menor edad del rey será gobernado el reino por una regencia.

Artículo 187. Lo será igualmente cuando el rey se halle imposibilitado de ejercer su autoridad por cualquiera causa física o moral.

Artículo 188. Si el impedimento del rey pasare de dos años, el sucesor inmediato fuere mayor de dieciocho, las Cortes podrán nombrarle regente del reino en lugar de la regencia.

Artículo 189. En los casos en que vacare la corona, siendo el príncipe de Asturias menor de edad, hasta que se junten las Cortes extraordinarias, si no se hallaren reunidas las ordinarias, la regencia provisional se compondrá de la reina madre, si la hubiere, de dos diputados de la Diputación Permanente de las Cortes, los más antiguos por orden de su elección en la diputación, y de dos consejeros del Consejo de Estado los más antiguos, a saber: el decano y el que le siga: si no hubiere reina madre, entrará en la regencia el consejero de Estado tercero en antigüedad.

Artículo 190. La regencia provisional será presidida por la reina madre, si la hubiere, y en su defecto, por el individuo de la Diputación permanente de Cortes que sea primer nombrado en ella.

Artículo 191. La regencia provisional no despachará otros negocios que los que no admitan dilación, y no renovará ni nombrará empleados sino interinamente.

Artículo 192. Reunidas las Cortes extraordinarias, nombrarán una regencia compuesta de tres o cinco personas.

Artículo 193. Para poder ser individuo de la regencia se requiere ser ciudadano en el ejercicio de sus derechos; quedando excluidos los extranjeros, aunque tengan carta de ciudadanos.

Artículo 194. La regencia será presidida por aquel de sus individuos que las Cortes designaren; tocando a éstas establecer en caso necesario, si ha de haber o no turno en la presidencia, y en qué términos.

Artículo 195. La regencia ejercerá la autoridad del rey en los términos que estimen las Cortes.

Artículo 196. Una y otra regencia prestarán juramento según la fórmula prescrita en el **Artículo** 173, añadiendo la cláusula de que serán fieles al rey; y la regencia permanente añadirá además, que observará las condiciones que le hubieren impuesto las Cortes para el ejercicio de su autoridad, que cuando llegue el rey a ser mayor, o cese la imposibilidad, le entregará el gobierno del reino bajo la pena, si un momento lo dilata, de ser sus individuos habidos y castigados como traidores.

Artículo 197. Todos los actos de la regencia se publicarán en nombre del rey.

Artículo 198. Será tutor del rey menor la persona que el rey difunto hubiere nombrado en su testamento. Si no le hubiere nombrado, será tutora la reina madre, mientras permanezca viuda. En su defecto, será nombrado el tutor por las Cortes. En el primero y tercer caso el tutor deberá ser natural del reino.

Artículo 199. La regencia cuidará de que la educación del rey menor sea la más conveniente al grande objeto de su alta dignidad, y que se desempeñe conforme al plan que aprobaren las Cortes.

Artículo 200. Éstas señalarán el sueldo que hayan de gozar los individuos de la regencia.

Capítulo IV. De la familia real, y del reconocimiento
del príncipe de Asturias

Artículo 201. El hijo primogénito del rey se titulará príncipe de Asturias.

Artículo 202. Los demás hijos e hijas del rey serán y se llamarán infantes de las Españas.

Artículo 203. Asimismo, serán y se llamarán Infantes de las Españas los hijos e hijas del príncipe de Asturias.

Artículo 204. A estas personas precisamente estará limitada la calidad de Infante de las Españas, sin que pueda extenderse a otras.

Artículo 205. Los Infantes de las Españas gozarán de las distinciones y honores que han tenido hasta aquí, y podrán ser nombrados para toda clase de destinos, exceptuados los de judicatura y la diputación de Cortes.

Artículo 206. El príncipe de Asturias no podrá salir del reino sin consentimiento de las Cortes, y si saliere sin él, quedará por el mismo hecho excluido del llamamiento a la corona.

Artículo 207. Lo mismo se entenderá, permaneciendo fuera del reino por más tiempo que el prefijado en el permiso, si requerido para que vuelva, no lo verificase dentro del término que las Cortes señalen.

Artículo 208. El príncipe de Asturias, los Infantes e Infantas y sus hijos y descendientes que sean súbditos del rey, no podrán contraer matrimonio sin su consentimiento y el de las Cortes, bajo la pena de ser excluidos del llamamiento a la corona.

Artículo 209. De las partidas de nacimiento, matrimonio y muerte de todas las personas de la familia Real, se remitirá una copia auténtica a las Cortes, y en su defecto a la Diputación Permanente, para que se custodie en su archivo.

Artículo 210. El príncipe de Asturias será reconocido por las Cortes con las formalidades que prevendrá el reglamento del gobierno interior de ellas.

Artículo 211. Este reconocimiento se hará en las primeras Cortes que se celebren después de su nacimiento.

Artículo 212. El príncipe de Asturias, llegando a la edad de catorce años, prestará juramento ante las Cortes bajo la fórmula siguiente: «N. (aquí el nombre), príncipe de Asturias, juro por Dios y por los Santos Evangelios, que defenderé y conservaré la religión católica, apostólica, romana, sin permitir otra alguna en el reino; que guardaré la Constitución política de la monarquía española, y que seré fiel y obediente al rey. Así Dios me ayude.»

Capítulo V. De la dotación de la familia real

Artículo 213. Las Cortes señalarán al rey la dotación anual de su casa, que sea correspondiente a la alta dignidad de su persona.

Artículo 214. Pertenecen al rey todos los palacios reales que han disfrutado sus predecesores, y las Cortes señalarán los terrenos que tengan por conveniente reservar para el recreo de su persona.

Artículo 215. Al príncipe de Asturias desde el día de su nacimiento, y a los Infantes e Infantas desde que cumplan siete años de edad, se asignará por las Cortes para su alimento la cantidad anual correspondiente a su respectiva dignidad.

Artículo 216. A las Infantas, para cuando casaren, señalarán las Cortes la cantidad que estimen en calidad de dote; y entregada ésta, cesarán los alimentos anuales.

Artículo 217. A los Infantes, si casaren mientras residan en las Españas, se les continuarán los alimentos que les estén asignados; y si casaren y residieren fuera, cesarán los alimentos, y se les entregará por una vez la cantidad que las Cortes señalen.

Artículo 218. Las Cortes señalarán los alimentos anuales que hayan de darse a la reina viuda.

Artículo 219. Los sueldos de los individuos de la regencia se tomarán de la dotación señalada a la casa del rey.

Artículo 220. La dotación de la casa del rey y los alimentos de su familia, de que hablan los artículos precedentes, se señalarán por las Cortes al principio de cada reinado, y no se podrán alterar durante él.

Artículo 221. Todas estas asignaciones son de cuenta de la tesorería nacional, por la que serán satisfechas al administrador que el rey nombrare, con el cual se entenderán las acciones activas y pasivas, que por razón de intereses puedan promoverse.

Capítulo VI. De los secretarios de Estado y del despacho

Artículo 222. Los secretarios del despacho serán siete, a saber:

El secretario del despacho de Estado.
El secretario del despacho de la gobernación del reino para la
Península e islas adyacentes.
El secretario del despacho de la gobernación del reino para
Ultramar.
El secretario del despacho de gracia y justicia.
El secretario del despacho de hacienda.
El secretario del despacho de guerra.
El secretario del despacho de marina.

Las Cortes sucesivas harán en este sistema de secretarías del
despacho la variación que la experiencia o las circunstancias
exijan.

Artículo 223. Para ser secretario del despacho se requiere ser
ciudadano en el ejercicio de sus derechos, quedando excluidos los extranjeros, aunque tengan carta de ciudadanos.

Artículo 224. Por un reglamento particular aprobado por las
Cortes se señalarán a cada secretaría los negocios que deban
pertenecerle.

Artículo 225. Todas las órdenes del rey deberán ir firmadas
por el secretario del despacho del ramo a que el asunto corresponda.
Ningún tribunal ni persona pública dará cumplimiento a la
orden que carezca de este requisito.

Artículo 226. Los secretarios del despacho serán responsables a las Cortes de las órdenes que autoricen contra la
Constitución o las leyes, sin que les sirva de excusa haberlo
mandado el rey.

Artículo 227. Los secretarios del despacho formarán los presupuestos anuales de los gastos de la administración pública, que se estime deban hacerse por su respectivo ramo, y rendirán cuentas de los que se hubieren hecho, en el modo que se expresará.

Artículo 228. Para hacer efectiva la responsabilidad de los secretarios del despacho, decretarán ante todas cosas las Cortes que ha lugar a la formación de causa.

Artículo 229. Dado este decreto, quedará suspenso el secretario del despacho; y las Cortes remitirán al Tribunal Supremo de Justicia todos los documentos concernientes a la causa que haya de formarse por el mismo tribunal, quien la sustanciará y decidirá con arreglo a las leyes.

Artículo 230. Las Cortes señalarán el sueldo que deban gozar los secretarios del despacho durante su encargo.

Capítulo VII. Del consejo de Estado

Artículo 231. Habrá un Consejo de Estado compuesto de cuarenta individuos, que sean ciudadanos en el ejercicio de sus derechos, quedando excluidos los extranjeros, aunque tengan carta de ciudadanos.

Artículo 232. Estos serán precisamente en la forma siguiente, a saber: cuatro eclesiásticos, y no más, de conocida y probada ilustración y merecimiento, de los cuales dos serán obispos; cuatro grandes de España, y no más, adornados de las virtudes, talento y conocimientos necesarios; y los restantes serán elegidos de entre los sujetos que más se hayan distinguido por su ilustración y conocimientos, o por sus señalados servicios en alguno de los principales ramos de la administración y gobierno del Estado. Las Cortes no podrán proponer para estas plazas a ningún individuo que sea diputado de Cortes al tiempo de hacerse la elección. De los individuos del consejo de Estado, doce a lo menos serán nacidos en las provincias de Ultramar.

Artículo 233. Todos los consejeros de Estado serán nombrados por el rey a propuesta de las Cortes.

Artículo 234. Para la formación de este Consejo se dispondrá en las Cortes una lista triple de todas las clases referidas en la proporción indicada, de la cual el rey elegirá los cuarenta individuos que han de componer el Consejo de Estado, tomando los eclesiásticos de la lista de su clase, los grandes de la suya, y así los demás.

Artículo 235. Cuando ocurriere alguna vacante en el Consejo de Estado, las Cortes primeras que se celebren presentarán al rey tres personas de la clase en que se hubiere verificado, para que elija la que le pareciere.

Artículo 236. El Consejo de Estado es el único Consejo del rey, que oirá su dictamen en los asuntos graves gubernativos, y señaladamente para dar o negar la sanción a las leyes, declarar la guerra, y hacer los tratados.

Artículo 237. Pertenecerá a este Consejo hacer al rey la propuesta por ternas para la presentación de todos los beneficios eclesiásticos, y para la provisión de las plazas de judicatura.

Artículo 238. El rey formará un reglamento para el gobierno del Consejo de Estado, oyendo previamente al mismo; y se presentará a las Cortes para su aprobación.

Artículo 239. Los consejeros de Estado no podrán ser removidos sin causa justificada ante el tribunal supremo de Justicia.

Artículo 240. Las Cortes señalarán el sueldo que deban gozar los consejeros de Estado.

Artículo 241. Los consejeros de Estado, al tomar posesión de sus plazas, harán en manos del rey juramento de guardar la Constitución, ser fieles al rey, y aconsejarle lo que entendieren ser conducente al bien de la Nación, sin mira particular ni interés privado.

Título V. De los tribunales y de la administración de justicia en lo civil y criminal

Capítulo I. De los tribunales

Artículo 286. Las leyes arreglarán la administración de justicia en lo criminal, de manera que el proceso sea formado con brevedad, y sin vicios, a fin de que los delitos sean prontamente castigados.

Artículo 287. Ningún español podrá ser preso sin que preceda información sumaria del hecho, por el que merezca según la ley ser castigado con pena corporal, y asimismo un mandamiento del juez por escrito, que se le notificará en el acto mismo de la prisión.

Artículo 288. Toda persona deberá obedecer estos mandamientos: cualquiera resistencia será reputada delito grave.

Artículo 289. Cuando hubiere resistencia o se temiere la fuga, se podrá usar de la fuerza para asegurar la persona.

Artículo 290. El arrestado, antes de ser puesto en prisión, será presentado al juez, siempre que no haya cosa que lo estorbe, para que le reciba declaración; más si esto no pudiere verificarse, se le conducirá a la cárcel en calidad de detenido, y el juez le recibirá la declaración dentro de las veinticuatro horas.

Artículo 291. La declaración del arrestado será sin juramento, que a nadie ha de tomarse en materias criminales sobre hecho propio.

Artículo 292. En fraganti todo delincuente puede ser arrestado, y todos pueden arrestarle y conducirle a la presencia del juez: presentado o puesto en custodia, se procederá en todo, como se previene en los dos artículos precedentes.

Artículo 293. Si se resolviere que al arrestado se le ponga en la cárcel, o que permanezca en ella en calidad de preso, se proveerá auto motivado, y de él se entregará copia al alcaide, para que la inserte en el libro de presos, sin cuyo requisito no admitirá el alcalde a ningún preso en calidad de tal, bajo la más estrecha responsabilidad.

Artículo 294. Solo se hará embargo de bienes cuando se proceda por delitos que lleven consigo responsabilidad pecuniaria, y en proporción a la cantidad a que ésta pueda extenderse.

Artículo 295. No será llevado a la cárcel el que de fiador en los casos en que la ley no prohíba expresamente que se admita la fianza.

Artículo 296. En cualquier estado de la causa que aparezca que no puede imponerse al preso pena corporal, se le pondrá en libertad, dando fianza.

Artículo 297. Se dispondrán las cárceles de manera que sirvan para asegurar y no para molestar a los presos: así el alcaide tendrá a éstos en buena custodia y separados los que el juez mande tener sin comunicación; pero nunca en calabozos subterráneos ni malsanos.

Artículo 298. La ley determinará la frecuencia con que ha de hacerse la visita de cárceles, y no habrá preso alguno que deje de presentarse a ella bajo ningún pretexto.

Artículo 299. El juez y el alcaide que faltaren a lo dispuesto en los artículos precedentes, serán castigados como reos de detención arbitraria, la que será comprendida como delito en el código criminal.

Artículo 300. Dentro de las veinticuatro horas se manifestará al tratado como reo la causa de su prisión, y el nombre de su acusador, si lo hubiere.

Artículo 301. Al tomar la confesión al tratado como reo, se le leerán íntegramente todos los documentos y las declaraciones de los testigos, con los nombres de éstos; y si por ellos no los conociere, se le darán cuantas noticias pida para venir en conocimiento de quiénes son.

Artículo 302. El proceso de allí en adelante será público en el modo y forma que determinen las leyes.

Artículo 303. No se usará nunca del tormento ni de los apremios.

Artículo 304. Tampoco se impondrá la pena de confiscación de bienes.

Artículo 305. Ninguna pena que se imponga, por cualquier delito que sea, ha de ser trascendental por término ninguno a la familia del que la sufre, sino que tendrá todo su efecto precisamente sobre el que la mereció.

Artículo 306. No podrá ser allanada la casa de ningún español, sino en los casos que determine la ley para el buen orden y seguridad del Estado.

Artículo 307. Si con el tiempo creyeren las Cortes que conviene haya distinción entre los jueces del hecho y del derecho, la establecerán en la forma que juzguen conducente.

Artículo 308. Si en circunstancias extraordinarias la seguridad del Estado exigiese, en toda la monarquía o en parte de ella, la suspensión de algunas de las formalidades prescritas en este capítulo para el arresto de los delincuentes, podrán las Cortes decretarla por un tiempo determinado.

Título VI. Del gobierno interior de las provincias y de los pueblos

Capítulo I. De los ayuntamientos

Artículo 309. Para el gobierno interior de los pueblos habrá ayuntamientos compuestos de alcalde o alcaldes, los regidores y el procurador síndico, y presididos por el jefe político donde lo hubiere, y en su defecto por el alcalde o el primer nombrado entre éstos, si hubiere dos.

Artículo 310. Se pondrá ayuntamiento en los pueblos que no le tengan, y en que convenga le haya, no pudiendo dejar de haberle en los que por sí o con su comarca lleguen a mil almas, y también se les señalará término correspondiente.

Artículo 311. Las leyes determinarán el número de individuos de cada clase de que han de componerse los ayuntamientos de los pueblos con respecto a su vecindario.

Artículo 312. Los alcaldes, regidores y procuradores síndicos se nombrarán por elección en los pueblos, cesando los regidores y demás que sirvan oficios perpetuos en los ayuntamientos, cualquiera que sea su título y denominación.

Artículo 313. Todos los años en el mes de diciembre se reunirán los ciudadanos de cada pueblo, para elegir a pluralidad de votos, con proporción a su vecindario, determinado número de electores, que residan en el mismo pueblo y estén en el ejercicio de los derechos de ciudadano.

Artículo 314. Los electores nombrarán en el mismo mes a pluralidad absoluta de votos el alcalde o alcaldes, regidores y procurador o procuradores síndicos, para que entren a ejercer sus cargos el primero de enero del siguiente año.

Artículo 315. Los alcaldes se mudarán todos los años, los regidores por mitad cada año, y lo mismo los procuradores síndicos donde haya dos: si hubiere solo uno se mudará todos los años.

Artículo 316. El que hubiere ejercido cualquiera de estos cargos no podrá volver a ser elegido para ninguno de ellos, sin que pasen por lo menos dos años, donde el vecindario lo permita.

Artículo 317. Para ser alcalde, regidor o procurador síndico, además de ser ciudadano en el ejercicio de sus derechos, se requiere ser mayor de veinticinco años, con cinco a lo menos de vecindad y residencia en el pueblo. Las leyes determinarán las demás calidades que han de tener estos empleados.

Artículo 318. No podrá ser alcalde, regidor ni procurador síndico ningún empleado público de nombramiento del rey, que esté en ejercicio, no entendiéndose comprendidos en esta regla los que sirvan en las milicias nacionales.

Artículo 319. Todos los empleos municipales referidos serán carga concejil, de que nadie podrá excusarse sin causa legal.

Artículo 320. Habrá un secretario en todo ayuntamiento, elegido por éste a pluralidad absoluta de votos, y dotado de los fondos del común.

Artículo 321. Estará a cargo de los ayuntamientos:
Primero. La policía de salubridad y comodidad.
Segundo. Auxiliar al alcalde en todo lo que pertenezca a la seguridad de las personas y bienes de los vecinos, y a la conservación del orden público.
Tercero. La administración e inversión de los caudales de propios y arbitrios conforme a las leyes y reglamentos, con el cargo de nombrar depositario bajo responsabilidad de los que le nombran.
Cuarto. Hacer el repartimiento y recaudación de las contribuciones, y remitirlas a la tesorería respectiva.
Quinto. Cuidar de todas las escuelas de primeras letras, y de los demás establecimientos que se paguen de los fondos del común.
Sexto. Cuidar de los hospitales, hospicios, casas de expósitos y demás establecimientos de beneficencia, bajo las reglas que se prescriban.
Séptimo. Cuidar de la construcción y reparación de los caminos, calzadas, puentes y cárceles, de los montes y plantíos del común, y de todas las obras públicas de necesidad, utilidad y ornato.
Octavo. Formar las ordenanzas municipales del pueblo, y presentarlas a las Cortes para su aprobación por medio de la diputación provincial, que las acompañará con su informe.
Noveno. Promover la agricultura, la industria y el comercio según la localidad y circunstancias de los pueblos, y cuanto les sea útil y beneficioso.

Artículo 322. Si se ofrecieren obras u otros objetos de utilidad común, y por no ser suficientes los caudales de propios fuere necesario recurrir a arbitrios, no podrán imponerse éstos, sino obteniendo por medio de la diputación provincial la aprobación de las Cortes. En el caso de ser urgente la obra u objeto a que se destinen, podrán los ayuntamientos usar interinamente de ellos con el consentimiento de la misma diputación, mientras recae la resolución de las Cortes. Estos arbitrios se administrarán en todo como los caudales de propios.

Artículo 323. Los ayuntamientos desempeñarán todos estos encargos bajo la inspección de la diputación provincial, a quien rendirán cuenta justificada cada año de los caudales públicos que hayan recaudado e invertido.

Capítulo II. Del gobierno político de las provincias y de las diputaciones provinciales

Artículo 324. El gobierno político de las provincias residirá en el jefe superior, nombrado por el rey en cada una de ellas.

Artículo 325. En cada provincia habrá una diputación llamada provincial, para promover su prosperidad, presidida por el jefe superior.

Artículo 326. Se compondrá esta diputación del presidente, del intendente y de siete individuos elegidos en la forma que se dirá, sin perjuicio de que las Cortes en lo sucesivo varíen este número como lo crean conveniente, o lo exijan las circunstancias, hecha que sea la nueva división de provincias de que trata el **Artículo** 11.

Artículo 327. La diputación provincial se renovará cada dos años por mitad, saliendo la primera vez el mayor número, y la segunda el menor, y así sucesivamente.

Artículo 328. La elección de estos individuos se hará por electores de partido al otro día de haber nombrado los diputados de Cortes, por el mismo orden con que éstos se nombran.

Artículo 329. Al mismo tiempo y en la misma forma se elegirán tres suplentes para cada diputación.

Artículo 330. Para ser individuo de la diputación provincial se requiere ser ciudadano en el ejercicio de sus derechos, mayor de veinticinco años, natural o vecino de la provincia con residencia a lo menos de siete años, y que tenga lo suficiente para mantenerse con decencia; y no podrá serlo ninguno de los empleados de nombramiento del rey, de que trata el **Artículo** 318.

Artículo 331. Para que una misma persona pueda ser elegida segunda vez, deberá haber pasado a lo menos el tiempo de cuatro años después de haber cesado en sus funciones.

Artículo 332. Cuando el jefe superior de la provincia no pudiere presidir la diputación, la presidirá el intendente, y en su defecto el vocal que fuere primer nombrado.

Artículo 333. La diputación nombrará un secretario, dotado de los fondos públicos de la provincia.

Artículo 334. Tendrá la diputación en cada año a lo más noventa días de sesiones distribuidas en las épocas que más convenga. En la Península deberán hallarse reunidas las diputaciones para el primero de marzo, y en Ultramar para el primero de junio.

Artículo 335. Tocará a estas diputaciones:
Primero. Intervenir y aprobar el repartimiento hecho a los pueblos de las contribuciones que hubieren cabido a la provincia.
Segundo. Velar sobre la buena inversión de los fondos públicos de los pueblos y examinar sus cuentas, para que con su visto bueno recaiga la aprobación superior, cuidando de que en todo se observen las leyes y reglamentos.
Tercero. Cuidar de que se establezcan ayuntamientos donde corresponda los haya, conforme a lo prevenido en el **Artículo** 310.
Cuarto. Si se ofrecieren obras nuevas de utilidad común de la provincia, o la reparación de las antiguas, proponer al Gobierno los arbitrios que crean más convenientes para su ejecución, a fin de obtener el correspondiente permiso de las Cortes.
En Ultramar, si la urgencia de las obras públicas no permitiese esperar la solución de las Cortes, podrá la diputación con expreso asenso del jefe de la provincia usar desde luego de los arbitrios, dando inmediatamente cuenta al gobierno para la aprobación de las Cortes.
Para la recaudación de los arbitrios la diputación, bajo su responsabilidad, nombrará depositario, y las cuentas de la inversión, examinadas por la diputación, se remitirán al gobierno para que las haga reconocer y glosar y, finalmente, las pase a las Cortes para su aprobación.

Quinto. Promover la educación de la juventud conforme a los planes aprobados, y fomentar la agricultura, la industria y el comercio, protegiendo a los inventores de nuevos descubrimientos en cualquiera de estos ramos.

Sexto. Dar parte al Gobierno de los abusos que noten en la administración de las rentas públicas.

Séptimo. Formar el censo y la estadística de las provincias.

Octavo. Cuidar de que los establecimientos piadosos y de beneficencia llenen su respectivo objeto, proponiendo al Gobierno las reglas que estimen conducentes para la reforma de los abusos que observaren.

Noveno. Dar parte a las Cortes de las infracciones de la Constitución que se noten en la provincia.

Décimo. Las diputaciones de las provincias de Ultramar velarán sobre la economía, orden y progresos de las misiones para la conversión de los indios infieles, cuyos encargados les darán razón de sus operaciones en este ramo, para que se eviten los abusos: todo lo que las diputaciones pondrán en noticia del Gobierno.

Artículo 336. Si alguna diputación abusare de sus facultades, podrá el rey suspender a los vocales que la componen, dando parte a las Cortes de esta disposición y de los motivos de ella para la de terminación que corresponda: durante la suspensión entrarán en funciones los suplentes.

Artículo 337. Todos los individuos de los ayuntamientos y de las diputaciones de provincia, al entrar en el ejercicio de sus funciones, prestarán juramento, aquéllos en manos del jefe político, donde le hubiere, o en su defecto el alcalde que fuere primer nombrado, y éstos en las del jefe superior de la

provincia, de guardar la Constitución política de la monarquía española, observar las leyes y ser fieles al rey, y cumplir
religiosamente las obligaciones de su cargo.

Título VII. De las contribuciones

Capítulo único

Artículo 338. Las Cortes establecerán o confirmarán anualmente las contribuciones, sean directas o indirectas, generales, provinciales o municipales, subsistiendo las antiguas, basta que se publique su derogación o la imposición de otras.

Artículo 339. Las contribuciones se repartirán entre todos los españoles con proporción a sus facultades, sin excepción ni privilegio alguno.

Artículo 340. Las contribuciones serán proporcionales a los gastos que se decreten por las Cortes para el servicio público en todos los ramos.

Artículo 341. Para que las Cortes puedan fijar los gastos en todos los ramos del servicio público, y las contribuciones que deban cubrirlos, el secretario del Despacho de Hacienda las presentará, luego que estén reunidas, el presupuesto general de los que se estimen precisos, recogiendo de cada uno de los demás secretarios del Despacho el respectivo a su ramo.

Artículo 342. El mismo secretario del Despacho de Hacienda presentará con el presupuesto de gastos el plan de las contribuciones que deban imponerse para llenarlos.

Artículo 343. Si al rey pareciere gravosa o perjudicial alguna contribución, lo manifestará a las Cortes por el secretario del

Despacho de Hacienda, presentando al mismo tiempo la que crea más conveniente sustituir.

Artículo 344. Fijada la cuota de la contribución directa, las Cortes aprobarán el repartimiento de ella entre las provincias, a cada una de las cuales se asignará el cupo correspondiente a su riqueza, para lo que el secretario del Despacho de Hacienda presentará también los presupuestos necesarios.

Artículo 345. Habrá una tesorería general para toda la Nación, a la que tocará disponer de todos los productos de cualquiera renta destinada al servicio del Estado.

Artículo 346. Habrá en cada provincia una tesorería, en la que entrarán todos los caudales que en ella se recauden para el erario público. Estas tesorerías estarán en correspondencia con la general, a cuya disposición tendrán todos sus fondos.

Artículo 347. Ningún pago se admitirá en cuenta al tesorero general, si no se hiciere en virtud de decreto del rey, refrendado por el secretario del Despacho de Hacienda, en el que se expresen el gasto a que se destina su importe, y el decreto de las Cortes con que éste se autoriza.

Artículo 348. Para que la tesorería general lleve su cuenta con la pureza que corresponde, el cargo y la data deberán ser intervenidos respectivamente por las contadurías de valores y de distribución de la renta pública.

Artículo 349. Una instrucción particular arreglará estas oficinas de manera que sirvan para los fines de su instituto.

Artículo 350. Para el examen de todas las cuentas de caudales públicos habrá una contaduría mayor de cuentas, que se organizará por una ley especial.

Artículo 351. La cuenta de la tesorería general, que comprenderá el rendimiento anual de todas las contribuciones y rentas, y su inversión, luego que reciba la aprobación final de las Cortes, se imprimirá, publicará y circulará a las diputaciones de provincia y a los ayuntamientos.

Artículo 352. Del mismo modo se imprimirán, publicarán y circularán las cuentas que rindan los secretarios del Despacho de los gastos hechos en sus respectivos ramos.

Artículo 353. El manejo de la hacienda pública estará siempre independiente de toda otra autoridad que aquella a la que está encomendado.

Artículo 354. No habrá aduanas sino en los puertos de mar y en las fronteras; bien que esta disposición no tendrá efecto hasta que las Cortes lo determinen.

Artículo 355. La deuda pública reconocida será una de las primeras atenciones de las Cortes, y éstas pondrán el mayor cuidado en que se vaya verificando su progresiva extinción, y siempre el pago de los réditos en la parte que los devengue, arreglando todo lo concerniente a la dirección de este importante ramo, tanto respecto a los arbitrios que se establecieren, los cuales se manejarán con absoluta separación de la tesorería general, como respecto a las oficinas de cuenta y razón.

Título VIII. De la fuerza militar nacional

Capítulo I. De las tropas de continuo servicio

Artículo 356. Habrá una fuerza militar nacional permanente, de tierra y de mar, para la defensa exterior del Estado y la conservación del orden interior.

Artículo 357. Las Cortes fijarán anualmente el número de tropas que fueren necesarias según las circunstancias y el modo de levantar las que fuere más conveniente.

Artículo 358. Las Cortes fijarán asimismo anualmente el número de buques de la marina militar que han de armarse o conservarse armados.

Artículo 359. Establecerán las Cortes por medio de las respectivas ordenanzas todo lo relativo a la disciplina, orden de ascensos, sueldos, administración y cuanto corresponda a la buena Constitución del ejército y armada.

Artículo 360. Se establecerán escuelas militares para la enseñanza e instrucción de todas las diferentes armas del ejército y armada.

Artículo 361. Ningún español podrá excusarse del servicio militar, cuando y en la forma que fuere llamado por la ley.

Capítulo II. De las milicias nacionales

Artículo 362. Habrá en cada provincia cuerpos de milicias nacionales, compuestos de habitantes de cada una de ellas, con proporción a su población y circunstancias.

Artículo 363. Se arreglarán por una ordenanza particular el modo de su formación, su número y especial Constitución en todos sus ramos.

Artículo 364. El servicio de estas milicias no será continuo, y solo tendrá lugar cuando las circunstancias lo requieran.

Artículo 365. En caso necesario podrá el rey disponer de esta fuerza dentro de la respectiva provincia, pero no podrá emplearla fuera de ella sin otorgamiento de las Cortes.

Título IX. De la instrucción pública

Capítulo único

Artículo 366. En todos los pueblos de la monarquía se establecerán escuelas de primeras letras, en las que se enseñará a los niños a leer, escribir y contar, y el catecismo de la religión católica, que comprenderá también una breve exposición de las obligaciones civiles.

Artículo 367. Asimismo se arreglará y creará el número competente de universidades y de otros establecimientos de instrucción, que se juzguen convenientes para la enseñanza de todas las ciencias, literatura y bellas artes.

Artículo 368. El plan general de enseñanza será uniforme en todo el reino, debiendo explicarse la Constitución política de la monarquía en todas las universidades y establecimientos literarios, donde se enseñen las ciencias eclesiásticas y políticas.

Artículo 369. Habrá una dirección general de estudios, compuesta de personas de conocida instrucción, a cuyo cargo estará, bajo la autoridad del Gobierno, la inspección de la enseñanza pública.

Artículo 370. Las Cortes por medio de planes y estatutos especiales arreglarán cuanto pertenezca al importante objeto de la instrucción pública.

Artículo 371. Todos los españoles tienen libertad de escribir, imprimir y publicar sus ideas políticas sin necesidad de licencia, revisión o aprobación alguna anterior a la publicación, bajo las restricciones y responsabilidad que establezcan las leyes.

Título X. De la observancia de la Constitución y modo de proceder para hacer variaciones en ella

Capítulo único

Artículo 372. Las Cortes en sus primeras sesiones tomarán en consideración las infracciones de la Constitución, que se les hubieren hecho presentes, para poner el conveniente remedio y hacer efectiva la responsabilidad de los que hubieren contravenido a ella.

Artículo 373. Todo español tiene derecho a representar a las Cortes o al rey para reclamar la observancia de la Constitución.

Artículo 374. Toda persona que ejerza cargo público, civil, militar o eclesiástico, prestará juramento, al tomar posesión de su destino, de guardar la Constitución, ser fiel al rey y desempeñar debidamente su encargo.

Artículo 375. Hasta pasados ocho años después de hallarse puesta en práctica la Constitución en todas sus partes, no se podrá proponer alteración, adición ni reforma en ninguno de sus artículos.

Artículo 376. Para hacer cualquier alteración, adición o reforma en la Constitución será necesario que la diputación que haya de decretarla definitivamente venga autorizada con poderes especiales para este objeto.

Artículo 377. Cualquiera proposición de reforma en algún **Artículo** de la Constitución deberá hacerse por escrito, y ser apoyada y firmada a lo menos por veinte diputados.

Artículo 378. La proposición de reforma se llevará por tres veces, con el intervalo de seis días de una a otra lectura; y después de la tercera se deliberará si ha lugar a admitirla a discusión.

Artículo 379. Admitida la discusión, se procederá en ella bajo las mismas formalidades y trámites que se prescriben para la formación de las leyes, después de los cuales se propondrá a la votación si ha lugar a tratarse de nuevo en la siguiente diputación general: y para que así quede declarado, deberán convenir las dos terceras partes de los votos.

Artículo 380. La diputación general siguiente, previas las mismas formalidades en todas sus partes, podrá declarar en cualquiera de los dos años de sus sesiones, conviniendo en ello las dos terceras partes de votos, que ha lugar al otorgamiento de poderes especiales para hacer la reforma.

Artículo 381. Hecha esta declaración, se publicará y comunicará a todas las provincias; y según el tiempo en que se hubiere hecho, determinarán las Cortes si ha de ser la Diputación próximamente inmediata o la siguiente a ésta, la que ha de traer los poderes especiales.

Artículo 382. Éstos serán otorgados por las juntas electorales de provincia, añadiendo a los poderes ordinarios la cláusula siguiente:

«Asimismo les otorgan poder especial para hacer en la Constitución la reforma de que trata el decreto de las Cortes, cuyo tenor es el siguiente: (aquí el decreto literal). Todo con arreglo a lo prevenido por la misma Constitución. Y se obligan a reconocer y tener por constitucional lo que en su virtud establecieren.»

Artículo 383. La reforma propuesta se discutirá de nuevo; y si fuere aprobada por las dos terceras partes de diputados, pasará a ser ley constitucional, y como tal se publicará en las Cortes.

Artículo 384. Una diputación presentará el decreto de reforma al rey, para que le haga publicar y circular a todas las autoridades y pueblos de la monarquía.

Cádiz, 18 de marzo del año 1812.

Libros a la carta

A la carta es un servicio especializado para
empresas,
librerías,
bibliotecas,
editoriales
y centros de enseñanza;
y permite confeccionar libros que, por su formato y concepción, sirven a los propósitos más específicos de estas instituciones.
Las empresas nos encargan ediciones personalizadas para marketing editorial o para regalos institucionales. Y los interesados solicitan, a título personal, ediciones antiguas, o no disponibles en el mercado; y las acompañan con notas y comentarios críticos.
Las ediciones tienen como apoyo un libro de estilo con todo tipo de referencias sobre los criterios de tratamiento tipográfico aplicados a nuestros libros que puede ser consultado en Linkgua-ediciones.com.
Linkgua edita por encargo diferentes versiones de una misma obra con distintos tratamientos ortotipográficos (actualizaciones de carácter divulgativo de un clásico, o versiones estrictamente fieles a la edición original de referencia).
Este servicio de ediciones a la carta le permitirá, si usted se dedica a la enseñanza, tener una forma de hacer pública su interpretación de un texto y, sobre una versión digitalizada «base», usted podrá introducir interpretaciones del texto fuente. Es un tópico que los profesores denuncien en clase los desmanes de una edición, o vayan comentando errores de interpretación de un texto y esta es una solución útil a esa necesidad del mundo académico.

Asimismo publicamos de manera sistemática, en un mismo catálogo, tesis doctorales y actas de congresos académicos, que son distribuidas a través de nuestra Web.
El servicio de «libros a la carta» funciona de dos formas.
1. Tenemos un fondo de libros digitalizados que usted puede personalizar en tiradas de al menos cinco ejemplares. Estas personalizaciones pueden ser de todo tipo: añadir notas de clase para uso de un grupo de estudiantes, introducir logos corporativos para uso con fines de marketing empresarial, etc. etc.
2. Buscamos libros descatalogados de otras editoriales y los reeditamos en tiradas cortas a petición de un cliente.

www.ingramcontent.com/pod-product-compliance
Lightning Source LLC
LaVergne TN
LVHW091615170726
843492LV00007B/2424